Couverture inférieure manquante

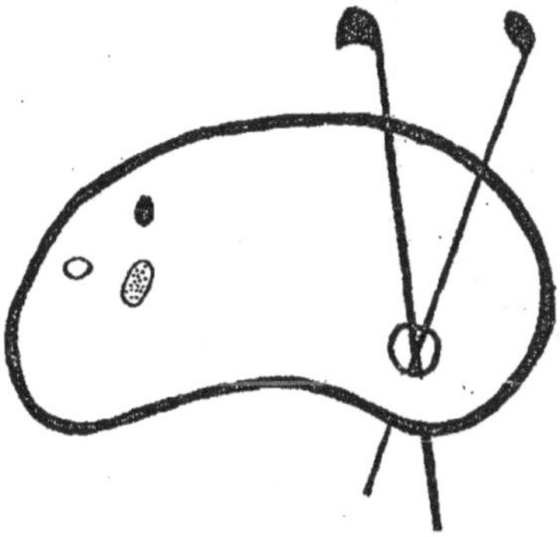

DEBUT D'UNE SERIE DE DOCUMENTS
EN COULEUR

Couverture inférieure manquante

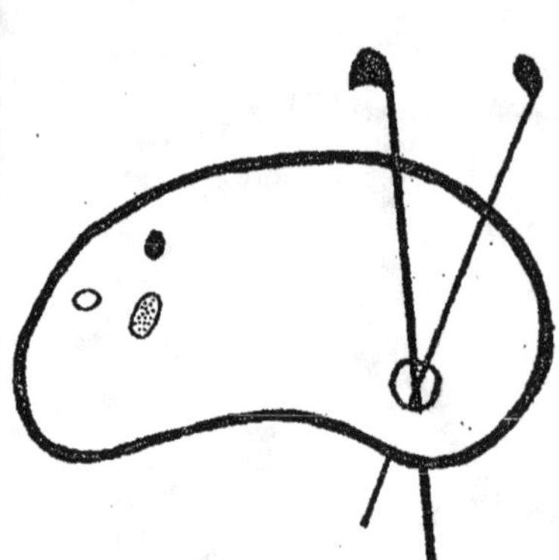

DEBUT D'UNE SERIE DE DOCUMENTS
EN COULEUR

INSTITUT DE FRANCE

# BARTHÉLEMY SAINT-HILAIRE

## NOTICE HISTORIQUE

*Lue en séance publique le 3 décembre 1898*

PAR

### M. GEORGES PICOT

SECRÉTAIRE PERPÉTUEL
DE L'ACADÉMIE DES SCIENCES MORALES
ET POLITIQUES

PARIS
LIBRAIRIE HACHETTE ET Cie
BOULEVARD SAINT-GERMAIN, 79
—
1899

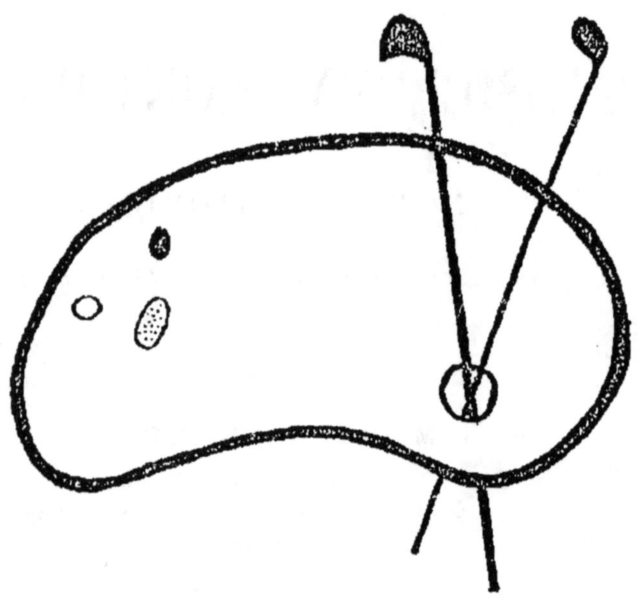

FIN D'UNE SÉRIE DE DOCUMENTS
EN COULEUR

# BARTHÉLEMY SAINT-HILAIRE

## NOTICE HISTORIQUE

Lue en séance publique le 3 décembre 1898

COULOMMIERS

Imprimerie PAUL BRODARD.

# BARTHÉLEMY SAINT-HILAIRE

## NOTICE HISTORIQUE

*Lue en séance publique le 3 décembre 1898*

PAR

### M. GEORGES PICOT

SECRÉTAIRE PERPÉTUEL
DE L'ACADÉMIE DES SCIENCES MORA
ET POLITIQUES

———><———

PARIS

LIBRAIRIE HACHETTE ET Cⁱᵉ

79, BOULEVARD SAINT-GERMAIN, 79

1899

# BARTHÉLEMY SAINT-HILAIRE

## NOTICE HISTORIQUE

*Lue en séance publique le 3 décembre 1898.*

MESSIEURS,

Bien que les hommes mettent leur orgueil à se croire très dissemblables, leur caractère reçoit en traces profondes la marque de ce qui les entoure. A travers nos révolutions, nous avons pu lire notre histoire sur leurs traits : ils portaient tous l'empreinte des passions de notre siècle : ils étaient frappés à son effigie.

M. Barthélemy Saint-Hilaire a montré dans la science et dans la politique une âme

1.

antique égarée en notre temps. La fidélité était sa vertu propre : il aimait à se consacrer aux hommes et aux idées. Ayant assisté à sept révolutions, ayant vécu sous les régimes les plus différents, il a préféré la République et il s'y est attaché à jamais. Également constant en politique et en amitié, semblant aux yeux du vulgaire s'absorber jusqu'à l'effacement, il a toujours dit la vérité aux hommes et aux gouvernements qu'il servait.

Ardent patriote, très peu sensible aux honneurs et ne les recherchant pas, il a exercé les plus hautes charges sans être écrasé par elles. Ayant consacré sa vie au travail et ne l'ayant jamais interrompu, il a voulu à travers toutes les crises de son existence, dans la retraite comme à la tête des affaires, mettre au-dessus de tout l'accomplissement de son devoir : il l'a fait avec force et avec simplicité, sans se soucier de jouer un rôle et sans se douter qu'il offrait à notre temps l'exemple de ce que pouvait être, au milieu de nos agitations contemporaines, une âme de stoïcien.

Né le 19 août 1805, orphelin de bonne heure, élevé par une tante qui se consacra à lui, Jules Barthélemy Saint-Hilaire suivit les classes du lycée Louis-le-Grand, où il se lia avec Buloz et le frère d'Émile Littré. Il acheva le cours de rhétorique au collège Bourbon, où il rencontra Sainte-Beuve.

Au terme de ses études — ce qui est le signe du succès, — il conservait la passion d'apprendre. Non content de se perfectionner dans la langue grecque, il se sentait attiré vers les langues orientales; il trouvait dans la famille de son ami des conseils et une expérience incomparables : M. Littré le père était un helléniste distingué; les deux jeunes gens qui devaient traduire un jour Aristote et Hippocrate se préparèrent à son école et abordèrent ensemble les éléments du sanscrit. Bientôt le jeune homme de dix-huit ans, avide de tout savoir, devait rencontrer un professeur autrement savant : Burnouf, âgé de vingt-deux ans, lui donna des leçons de sanscrit qui furent le point de départ de leur longue amitié.

En ce temps, l'accès des carrières n'était pas encombré; on y débutait jeune. Barthélemy Saint-Hilaire entrait à vingt ans comme aspirant surnuméraire dans les bureaux du ministère des finances, sur la recommandation de M. Littré. Il devait y passer dix-sept ans dans des rangs subalternes, y trouvant moins un emploi de ses facultés qu'une ressource matérielle et une discipline de la vie.

Assuré de son existence, il redoubla d'ardeur: il veut savoir les langues modernes. Les lectures se multiplient. Avec la hâte anxieuse d'un jeune esprit qui cherche sa voie, il veut tout connaître : philosophie, érudition, histoire l'attirent également.

Il n'aurait pas été de son temps, si la fièvre de la politique ne s'était pas emparée de lui. Libéral avec toute sa génération, sa foi démocratique était profonde. M. Littré le père avait le culte de la Révolution, son fils et Barthélemy Saint-Hilaire étaient ses disciples. Leurs âmes étaient entièrement républicaines. Parmi leurs contemporains, jeunes et ardents comme eux, deux groupes s'étaient formés ; ceux qui conspiraient, ceux qui travaillaient. Barthélemy Saint-Hilaire s'était créé une vie de travail acharné. Il se préparait pour l'avenir; plusieurs de ses amis étaient entrés dans la rédaction du *Globe*. Ils l'attirèrent. La licence d'une presse vivant autour de nous de scandales et étouffant la voix des rares journaux qui convient les citoyens à observer et à réfléchir ne nous permet guère aujourd'hui de nous représenter une feuille composée par des rédacteurs, tous jeunes, tous sincères et convaincus, épris d'un idéal, le poursuivant dans les arts, dans les lettres, par les réformes légales comme dans le domaine de la politique, cherchant le vrai, admirant le beau, voulant réaliser le bien

1.

par la liberté. D'autres temps ont vu assurément des hommes réunis par leurs convictions pour tenter une œuvre commune. Ce qui distingue la phalange d'élite qui combattit de 1825 à 1830, c'est l'attachement aux principes, c'est l'oubli de l'intérêt étroit, en un mot l'esprit de sacrifice : ils avaient la jeunesse, la foi en leurs idées, la certitude qu'elles triompheraient. Rien de bas, rien de caché dans leurs desseins, ni calculs, ni intrigues, aucune équivoque; une douzaine de jeunes gens étudiant toutes les questions et disant trois fois par semaine comment elles pouvaient être résolues, voilà ce qu'était le *Globe*. De là son influence, qui s'étendait jusqu'au fond de la province. Pendant que Jouffroy, Duchâtel, Vitet, Sainte-Beuve, Rémusat, Duvergier de Hauranne, Barthélemy Saint-Hilaire, tout animés du souffle de la philosophie spiritualiste, écrivaient à Paris, les jeunes gens de leur âge, dans les départements, attendaient avec impatience et lisaient avec enthousiasme le journal qui répondait à leurs secrètes aspirations. Ainsi se formaient peu à peu les cadres de cette élite qui a gardé dans l'histoire le nom de génération de 1830.

Les opinions sincères ne sont jamais identiques. D'accord sur les principes de liberté, les jeunes gens se divisaient sur les meilleurs moyens de les réaliser. Il y avait dans le sein de la rédaction, en majorité monarchique, des républicains résolus. Lorsque la crise parut inévitable, Barthélemy Saint-Hilaire voulut se rapprocher d'un foyer d'action plus ardent : il porta sa plume au *National,* où, à côté de MM. Thiers et Mignet, combattait Armand Carrel, dont il partageait les sentiments. C'est là que le trouva le coup d'État de Charles X. Son nom est attaché à l'acte le plus considérable de la révolution de Juillet, la protestation des journalistes.

Il ne fuyait pas le danger, mais le bruit. Après la lutte, il rentra dans le silence; ce n'est pas pour lui que Barbier écrivait les *Iambes*, on ne le vit point accourir à la *Curée*. Simple « expéditionnaire » au ministère des finances, après comme avant juillet 1830, le journaliste qui aurait pu se vanter et solliciter passait, sans se plaindre, ses après-midi à la direction des contributions directes et sa soirée aux bureaux du *National*. Ses matinées étaient réservées à l'étude. Un projet remplissait sa pensée. Vivant avec les philosophes grecs, il avait conçu le dessein de publier l'œuvre du premier d'entre eux.

Suivant ses calculs, la traduction d'Aristote devait occuper toute une existence. Il la commençait résolument en janvier 1832 par la *Politique*. Deux ans lui suffirent pour collationner les manuscrits, établir le texte et achever la traduction. En 1834, il s'agissait d'imprimer deux volumes in-8°; on lui conseilla de demander à la Commission de l'Imprimerie Royale l'impression gratuite. L'influence de M. Cousin, lorsqu'il s'agissait

d'un ouvrage de philosophie, y était domi-
nante. M. Dubois (de la Loire-Inférieure),
qui avait patronné ses premiers essais dans
le *Globe*, l'introduisit auprès de M. Cousin :
le philosophe le reçut avec bonté, bien qu'il
ne crût guère à la possibilité de traduire
Aristote en entier; il le garda plus d'une
heure, le soumit à un véritable examen.

Cette entrevue décida de son avenir.
M. Cousin, écrivait-il au terme de sa vie,
« s'assura que ma résolution était sérieuse
et que j'étais en état de l'accomplir, si Dieu
m'en accordait le temps. Dès ce moment,
M. Cousin me fut acquis et il ne cessa
d'avoir les yeux sur moi. » De son côté,
M. Barthélemy Saint-Hilaire s'était à jamais
donné. Ni les dissentiments, ni les crises
politiques ne l'éloignèrent.

Ainsi, il allait continuer au milieu des
encouragements l'œuvre colossale qu'à
vingt-sept ans, sans appui, il avait commencée de sa seule initiative. Il entrevoyait
tout un horizon d'efforts sans trêve. Projeter

une publication qui absorberait toute une
vie, suffire à soi seul à la traduction de
l'œuvre du plus grand génie de l'antiquité,
eût été pour tout autre une témérité ; à
travers les révolutions, il en vint à bout en
soixante ans : sa résolution était à la hauteur de l'entreprise.

L'Académie des Sciences morales et politiques venait d'être rétablie. M. Cousin ani-
mait de son esprit la section de philosophie.
Au dehors, la jeunesse était attirée par
l'éclat des concours et par la certitude du
secret qui couvre à jamais les défaites. Les
concurrents étaient conviés à l'étude de la
philosophie grecque. En 1835, la métaphysique d'Aristote mit en lumière le nom d'un
de nos vénérables doyens, M. Ravaisson ;
en 1837, la logique fit proclamer le nom de
M. Barthélemy Saint-Hilaire.

Ce succès redoubla son courage : il se
livrait passionnément au travail, lui consa-
crant toutes ses heures, lorsqu'un matin
(c'est lui qui parle) : « M. Cousin vint me

trouver dans le pauvre logement que j'habitais, avec une de mes tantes, rue du Pot-de-Fer-Saint-Sulpice; et, sans autre préambule, il me dit d'un ton dramatique, qui était dans son habitude : « Saint-Hilaire, mettez-vous là et écrivez ce que je vais vous dire : « M. Jouffroy, professeur de philosophie grecque et latine au Collège de France, vient de donner sa démission. » Vous êtes lié avec des journalistes, portez-leur cela et que cela paraisse demain matin dans le plus grand nombre de journaux possible. Et puis, vous, portez-vous candidat à la chaire vacante. — Moi! — Oui, vous. — Mais je ne suis pas professeur. — Vous le deviendrez. »

Pour conduire les hommes, il faut les étonner. M. Cousin savait frapper les imaginations : il triompha des scrupules du candidat, plaida sa cause auprès des professeurs, lui assura la majorité au Collège de France, et emporta l'agrément du ministre. (Ord. royale de nomination : 6 janvier 1838.)

C'est ainsi qu'en devinant le talent, il forçait un jeune homme de trente-trois ans à échanger un obscur emploi au Ministère des finances contre une des premières chaires de notre enseignement supérieur. A un homme dont il avait discerné le mérite et la volonté, il avait assuré l'indépendance.

Ce fut son premier don : ce ne fut pas le dernier.

Un ans plus tard, les *Premiers Analytiques* venaient de paraître. M. Cousin les déposa sur le bureau de l'Académie des Sciences morales et politiques, et en fit un tel éloge que nul ne put douter des intentions du maître. Une vacance venait de se produire dans la section de philosophie. M. Barthélemy Saint-Hilaire fut élu sans y avoir pensé un instant, ne devant sa nomination qu'à l'intervention spontanée de M. Cousin. Il était le plus jeune de notre Compagnie, qu'il devait honorer comme doyen.

Entre les travaux de l'Institut et son cours au Collège de France, il n'avait plus d'autres soucis que ses études philosophiques. Sans se relâcher de ses recherches sur Aristote, il voulut montrer à ses confrères qu'il ne renfermait pas ses investigations dans un cercle étroit et, avant la fin de l'année 1839, il lut un savant mémoire sur la philosophie sanscrite qui devait être le point de départ d'une suite d'études sur l'histoire de la pensée orientale.

Son dévouement à son maître put seul l'éloigner pendant quelques mois de ses travaux. Le 1er mars 1840, M. Cousin entrait dans le ministère présidé par M. Thiers avec le portefeuille de l'Instruction publique : il appela auprès de lui son jeune confrère de l'Académie comme chef de cabinet. Cette collaboration, dont le ministre eut peine à se passer, dura peu : après une session laborieuse, une longue discussion du budget dans laquelle M. Barthélemy Saint-Hilaire eut moins à invoquer les souvenirs de l'antiquité grecque que l'expérience acquise au Ministère des finances, il crut le moment venu de recouvrer sa liberté, pour retourner à la philosophie. Il le déclara avec une franchise un peu rude : la scène fit quelque bruit. Le ministre lui en voulut un instant, le philosophe lui en sut gré toute sa vie.

Leurs relations étaient devenues une solide et profonde amitié : fréquentes conversations, accord sur le fondement des choses, longues courses et promenades dans la campagne aux jours de repos, tout contribuait à resserrer des liens que la mort elle-même devait transformer sans les rompre.

Les traductions d'Aristote se poursuivaient : en 1842, les *Derniers Analytiques*, en 1843, la *Réfutation des sophistes*, en 1844, la *Logique*, en 1847, la *Psychologie*, autant de volumes qui paraissaient régulièrement, occupant le traducteur, sans l'absorber. Sa pensée revenait sans cesse vers la *Politique* d'Aristote, objet de ses premières études. Son admiration était plus profonde qu'exclusive. Il voulut faire le tour du monde antique, étudiant ce qui avait précédé et

suivi la philosophie péripatéticienne; il multipliait les notes de l'édition qu'il préparait;
il voulut faire plus et élever un monument
vraiment digne du sujet. Dans une préface
étendue, à laquelle il consacra tous ses
soins, il s'attacha à comparer ceux qui au
cours des siècles avaient appliqué leur
pensée au gouvernement des sociétés : il
porta sur chacun d'eux un jugement très
motivé, ne montrant de faiblesse pour personne, mêlant la sévérité à l'admiration.
Platon le retient longtemps : il fait ressortir
ce que lui a dû Aristote; parcourant l'antiquité, il interroge Polybe et Cicéron, à la
Renaissance, Machiavel, puis Hobbes et
Spinoza, terminant son étude au XVIII<sup>e</sup> siècle,
avec Montesquieu et Rousseau.

Parmi tant d'esprits supérieurs, il n'en
voit qu'un qui ait pénétré jusqu'au fond du
problème. Platon est le seul qui se soit
refusé à étudier le gouvernement des
sociétés avant d'avoir approfondi l'âme
humaine : l'homme, en lutte avec des pas-

sions contraires, doit employer, selon lui,
toutes ses forces à se maintenir en équilibre : sa victoire sur ses ennemis, c'est la
modération, c'est la tempérance, c'est le gouvernement de soi-même. La politique tout
entière est soumise aux mêmes règles : les
ennemis sont les mêmes : c'est la violence
sous toutes les formes; le but est identique,
c'est l'équilibre du droit, en un mot la justice. Pour qu'un gouvernement soit bon, il
faut que l'intelligence et la raison soient
dépositaires de la puissance publique, il faut
que le pouvoir appartienne aux plus dignes,
afin que la modération règne dans le principe et dans la conduite de l'État.

« L'État doit être un honnête homme »,
disait un grand politique de notre siècle [1]. Il
exprimait, en une maxime éternellement
vraie, l'idée platonicienne.

Tout ce qui en découle a une incomparable grandeur : — l'association des sociétés

—————

1. M. Thiers.

n'a qu'une base légitime, la justice ; — le pouvoir dans la société n'a d'autre but que l'intérêt des gouvernés ; — les agents du pouvoir à tous les degrés sont responsables ; — les relations entre citoyens sont réglées par des devoirs mutuels qui constituent la charité sociale.

En parlant des devoirs de l'homme d'État, en exigeant de lui la sagesse, Socrate sait qu'il fait sourire les habiles de son temps : il n'en a nul souci et va jusqu'au bout de sa pensée, en proclamant que le politique doit être un philosophe, car l'idée de Dieu doit être le fondement de l'éducation, de la conduite et des lois ; sans la notion de sa Providence et de son inflexible équité, il n'y a que des politiques vulgaires au service de gouvernements d'empiriques.

« Platon, dit M. Barthélemy Saint-Hilaire, est avant tout moraliste ; il sait inspirer la vertu parce qu'il est inspiré par elle. On vit avec lui dans une atmosphère sereine où toutes les âmes devraient palpiter. »

2.

Aristote s'adresse moins à la raison pure qu'à l'histoire; sa pensée plane moins haut, mais il pénètre dans le mécanisme de la société avec une incomparable puissance. S'appliquant à l'étude des gouvernements, il les a classés définitivement. Il a reconnu qu'ils n'existaient que sous trois formes représentant trois principes : un seul — plusieurs — ou tous, se nommant la royauté, l'aristocratie, la démocratie. Chacun avait ses périls qui le conduisait, par l'excès de son principe, à sa perte, le transformant en tyrannie, oligarchie ou démagogie. Ces définitions, que l'histoire de la civilisation a confirmées, la nature des forces gouvernementales, la séparation des pourvoirs, la démonstration que la classe moyenne peut seule fonder un gouvernement durable donnent à la *Politique* le premier rang parmi les œuvres d'Aristote.

La science politique a été créée le jour où le philosophe lui a donné pour méthode l'observation et l'analyse.

En montrant ce que lui avaient emprunté les plus grands esprits de l'antiquité et des temps modernes, M. Barthélemy Saint-Hilaire s'attachait à lui, se pénétrait de sa pensée, vivait pour ainsi dire de son esprit, et appelait de ses vœux, non point en ambitieux, mais en disciple sincère du péripatéticien, l'heure où la politique ferait appel aux philosophes.

Il entrait au gouvernement, le lendemain de la révolution de Février, avec toutes les illusions; ses discours, comme secrétaire du gouvernement provisoire, nous révèlent la pureté de son âme; ses collègues le chargent de répondre à toutes les députations; son langage est ferme et élevé; il fait appel aux sentiments les plus nobles; il redoute la vue du mal comme si elle devait ternir sa pensée et obscurcir son intelligence. L'attentat du 15 mai, et les journées de juin 1848 lui ouvrent les yeux; il relit les réflexions d'Aristote sur les révolutions; il se dit que la liberté dans ses premiers élans est toujours turbulente, que de tout temps il a fallu la protéger contre les excès populaires. Lorsque la lumière entre enfin dans son esprit, elle n'y apporte point le découragement. Dans la société des intelligences, au milieu desquelles il vit, son âme est à l'abri des atteintes. Les déceptions ne sont des blessures que pour les ignorants. Le penseur qui réfléchit et qui prévoit ne peut être déçu; son âme, toujours avertie, sait et comprend, et comme elle n'a pas d'étonnements, pas de secousses, elle ne conçoit ni haines ni aigreurs.

Au milieu de l'assemblée constituante partagée entre tant de passions, au lendemain d'une insurrection qui avait couvert de sang les rues de Paris, à la veille d'événements qui tenaient les esprits en alarmes, la présence d'un philosophe aussi impassible causait moins de sympathie que de surprise. Dans les heures de crise, lorsque les ardeurs sont enflammées, l'homme est plus enclin à pardonner les exagérations que le calme.

Aux yeux du vulgaire, le bon sens risque de paraître moins un signe de force que de faiblesse. Quand l'accès est passé, revenu à la pleine possession de lui-même, il rend hommage à celui qu'il tenait pour une âme froide, étrangère aux intérêts de son temps.

Le député de Seine-et-Oise appartenait au parti républicain, mais il était très attaché à son indépendance ; il obéissait à ses convictions, non à un mot d'ordre ; il n'attendait jamais pour se faire une opinion que ses amis eussent délibéré sous la pression des préjugés : on le vit bien lorsque s'ouvrit la discussion sur la constitution. Tout le parti républicain voulait l'unité législative ; il se prononça pour le principe des deux Chambres. Fidèle à cette idée profonde de Platon défendant l'institution des gardiens des lois, se souvenant de ce qu'il avait dit lui-même de cette « assemblée supérieure qui réunit ce que la cité renferme de plus sage et de plus expérimenté », il soutint contre ses amis qu'il fallait créer une Chambre qui servît de contrepoids et de frein aux entraînements populaires. Il échoua, mais ne se découragea pas, et, le lendemain de sa défaite, il montait à la tribune pour défendre un amendement déclarant provisoire l'unité de Chambre votée la veille (21 septembre 1848).

Ses amis politiques lui en voulurent longtemps, mais ce premier acte d'indépendance peint son caractère.

Les partisans de la République en 1848 formaient une coalition d'éléments très disparates : à côté des esprits violents et chimériques qui composaient la Montagne, il y avait des républicains ardents, qui entendaient faire vivre le régime de leur choix en l'entraînant dans les voies du radicalisme. A l'autre extrémité de l'assemblée, des partis en minorité appelaient de leurs vœux et de leurs votes le renversement de la République. Quant à la majorité, quoique d'origine et d'esprit monarchiques, elle était prête à se résigner, si la nouvelle forme de gouvernement assurait la sécurité aux per-

sonnes et aux choses. L'originalité de
M. Barthélemy Saint-Hilaire était d'être très
républicain et très conservateur ; il avait
traversé le gouvernement de Juillet sans
conspirer ; il osait le dire ; en proclamant ses
convictions républicaines, il ne perdait pas
une occasion de montrer sa pensée. On le
vit bien quand, en 1849, il combattit Félix
Pyat qui voulait repousser les élections pour
conserver, disait-il, la République.

« Ce que je crains bien plus pour la République, disait M. Saint-Hilaire, ce sont les
fautes de ses imprudents amis, ces aveugles
partisans de la République qui ont en mains
une cause sainte, une cause admirable et qui
la compromettraient par leurs excès. »

Déjà il prévoyait qu'en présence d'erreurs
si graves les jours du gouvernement libre
étaient comptés : « Il est possible, dit-il,
que la Révolution de Février soit un acci-
dent. Je crois d'une conviction inébranlable
que des principes très féconds, très anciens
et puisant leurs origines dans le passé sont

engagés dans cette révolution accidentelle d'une manière profonde et durable. » (*Assemblée Constituante*, 6 février 1849.)

' La rupture avec l'extrême gauche ne lui suffisait pas. L'expédition romaine produisit dès le début de l'Assemblée législative une division bien plus profonde. Avec Victor Lefranc et ses amis, il n'hésita pas à voter les crédits. (*Assemblée Législative*, 20 octobre 1849.)

Quelques mois plus tard, il se prononçait ouvertement pour le rappel des lois d'exil. « Je ne vois pas de danger, disait-il, pour la République à lever cet inutile ostracisme. Je ne vois qu'un acte de justice dans l'abolition des lois de proscription. » (*Assemblée Législative*, 1er mars 1851.)

M. Barthélemy Saint-Hilaire aurait laissé le souvenir du républicain conservateur le plus vif et le plus entiér de l'Assemblée législative, si une conviction profonde n'avait fait de lui un adversaire du projet de loi organisant la liberté de l'enseignement secondaire. Promise par la Charte de 1830, réclamée à grand bruit avant 1848, cette liberté ne pouvait être refusée sous la République. Sur ce point l'accord était absolu; mais il y a deux manières d'accorder une liberté : la donner de bonne grâce ou en fermant à demi la main. M. Thiers et ses amis furent d'avis qu'il y avait avantage à l'ouvrir toute large; leur sincérité était le gage de leur adhésion à la politique conservatrice.

Les défenseurs de l'Université demeuraient fidèles à la conception impériale : ils croyaient très sincèrement que l'enseignement pouvait constituer un monopole. Ils souffraient de le partager. Ils perdaient de vue que, dans le jeu d'une constitution libre qui fait passer le pouvoir exécutif entre les mains des partis contraires, le privilège de l'enseignement, devenu l'arme d'une faction, ferait peser sur les intelligences le pire des despotismes. M. Barthélemy Saint-Hilaire se résignait à une concession : il ne pouvait refuser la liberté d'enseignement, mais il voulait qu'elle s'exerçât sous le contrôle de l'Université. Son discours occupa deux séances : il y exposa toutes ses convictions, sans aigreur, sans violence, avec une force qui attira le respect, sans entraîner les votes.

Dans l'esprit profondément honnête de M. Barthélemy Saint-Hilaire se rencontraient, comme en une image fidèle, toutes les tendances de notre histoire : il éprouvait la passion de notre vieux tiers état pour l'ordre dans la symétrie. L'unité que l'ancien régime a ébauchée, que la Convention a tentée, que l'Empire a poussée jusqu'à l'absolu, il en respectait toutes les manifestations et la défendait contre les critiques : comme beaucoup d'hommes nés à la vie publique sous la Restauration, comme Armand Carrel, il joignait aux ardeurs libérales une sincère admiration pour le génie qui, suivant son expression, « n'avait fait que coordonner, que sanctionner nos traditions nationales ».

Son idéal était précis : c'était l'administration civile du Consulat, avec un contrôle des Chambres très vigilant, très éclairé et très respectueux de l'ordre.

Le jour où ce contrôle était supprimé, la liberté périssait; il n'admit pas un seul instant le coup d'État. Il n'avait pas de fortune : on l'engageait à prêter serment, il résista à ses amis et finit par les convaincre que pour des philosophes, une ruine matérielle n'est rien auprès d'une ruine morale : il donna sa démission d'administrateur du Collège de France, où il avait remplacé, trois ans auparavant, son ami Eugène Burnouf, et reprit, pauvre, désormais loin de Paris, aux portes de la petite ville de Meaux, la suite de ses travaux.

La retraite était sévère; jamais il ne se montra plus philosophe. Il n'avait pour vivre que son traitement de membre de l'Institut et vous en savez le chiffre. Il était grand partisan des exercices du corps : il avait toujours défendu la gymnastique; il l'imposait aux jeunes gens; il la conseillait aux hommes voués aux travaux de l'esprit. On raconte qu'un jour, ayant appelé à son aide l'autorité de Socrate, il entraîna M. Cousin à sa suite jusqu'à des hauteurs vertigineuses où le philosophe pensa se tuer. Jusque dans sa vieillesse, M. Barthélemy Saint-Hilaire se plaisait à la campagne à pratiquer le métier de bûcheron. En 1852, il se fit jardinier, vivant des légumes qu'il cultivait. Une fois par semaine, il venait à Paris pour assister à vos séances, il ne connaissait d'autre consolation que la poursuite laborieuse du plan qui résumait sa vie. Ses amis ne l'oubliaient pas. « Un jour, dit-il, MM. Cousin, Mignet et Odilon-Barrot acceptaient le modeste festin que je leur offrais dans une masure dont tant d'illustres amitiés faisaient le charme. »

C'est peu après, qu'à son insu, pendant un voyage en Angleterre, il apprit que ses amis, plus soucieux de sa gêne que lui-même, l'avaient fait entrer au *Journal des Savants*. Ses études sur la philosophie hindoue avaient facilité sa candidature ; il se promit de les continuer et de les faire paraître dans cette revue de pure érudition où, pendant quarante-quatre ans, l'Inde n'a pas eu d'autre interprète que le traducteur d'Aristote : il aimait à étudier dans ses origines et à présenter à l'Occident la pensée de l'Extrême-Orient : ce spiritualiste déterminé se plaisait, par un jeu de contraste, à pénétrer dans l'âme des fatalistes ; il voulait leur arracher leur secret et en tirer la plus éclatante leçon. A travers la méthode rigoureuse de la science, il entendait montrer à tous comment, en chassant de leurs doctrines la notion du libre arbitre, des sociétés jadis puissantes s'étaient vouées à l'immobilité et à la mort.

Lorsqu'il franchissait les siècles pour passer de Confucius à Aristote, revenant dans le monde grec, il lui semblait qu'il rentrait dans les temps modernes. Avec le précepteur d'Alexandre, il se sentait vivre en Grèce, en Asie Mineure et en Égypte ; l'illusion était complète ; il connaissait à fond les rivages de la Méditerranée comme les rives du Nil. Il était prêt à servir de guide. Aussi, le jour où son ami Ferdinand de Lesseps vint lui faire appel, lui demandant de l'accompagner, afin d'explorer l'isthme de Suez, et de rapporter des observations de nature à convaincre l'Europe, M. Barthélemy Saint-Hilaire n'hésita pas. Il partait en novembre 1855, avec une commission d'ingénieurs et passait deux mois et demi à Alexandrie, au Caire, sur le Nil et à Suez. Les lettres qu'il a adressées au *Journal des Débats* et qui forment un volume rappellent les pages de l'histoire de l'antique Égypte racontée sur place par un homme épris d'une des plus grandes œuvres de la civilisation moderne : on y trouve mêlées dans un accord qui en fait le charme les trois forces de l'esprit le plus rarement assemblées : la science, l'admiration et l'action; on sent à tout instant un esprit très éclairé qui éprouve cette suprême jouissance de voir le bon sens et l'imagination unis

pour donner naissance à une de ces entre-
prises qui marquent un siècle.

Il s'y dévoua avec toute sa conviction :
secrétaire général de la compagnie en for-
mation, sa plume était toujours prête; il
défendait le projet dans les revues anglaises,
fournissait des documents à ceux qui écrivaient, prenait sa part du mouvement qu'imprimait à tous ses collaborateurs le fondateur
de la compagnie. Pour assurer le succès, il
était prêt à tout, sauf à dissimuler une frac-
tion de la vérité, quelque petite qu'elle fût.
A la fin de 1858, une circulaire annonçait
aux actionnaires l'autorisation de la Porte
Ottomane, qui ne devait être obtenue que
quelques mois plus tard. C'était une promesse
prématurée : le secrétaire général refusa sa
signature et donna sa démission.

Ses travaux philosophiques furent repris
avec un redoublement d'activité. En peu
d'années, parurent six volumes de la traduction d'Aristote, les deux ouvrages sur la
religion de Bouddha et sur celle de Mahomet,

la philosophie des deux Ampère, et enfin l'*Iliade* traduite en vers français, tour de force qui, en un autre siècle, aurait fait sa renommée et qui ne nous semble qu'un délasment de l'esprit. Cette œuvre commencée dans l'âge mûr, poursuivie pendant vingt-deux ans, remplissant ses heures de vacances et ses carnets de voyage, donnait le sens exact des vers grecs, avec une rare précision et une versification « qu'on n'a peut-être pas assez remarquée[1] ». En deux vers qui méritent d'être cités, le traducteur avoue qu'il n'est pas satisfait de lui-même :

C'est le grec, mais, hélas ! moins son charme touchant ;
C'est, malgré mes efforts, la note moins le chant.

M. Barthélemy Saint-Hilaire ne vivait pas assez confiné dans le passé pour qu'entre Homère, les philosophes grecs et le Coran, il oubliât le monde extérieur et les événe-

---

1. L'observation est de notre confrère M. Lachelier, qui a retrouvé ces deux vers dans les manuscrits de M. Barthélemy Saint-Hilaire.

ments de son temps. Il y était très attentif. Observant la situation des esprits, il s'en alarmait et pendant que les hommes d'État notaient les faits, s'attachaient aux événements, il remontait aux causes, les jugeait en penseur, et préparait lentement une œuvre de philosophie politique qui ne devait être connue qu'après sa mort. Tout lui révélait la chute de l'Empire : il l'annonçait avec certitude, mais il pensait que la liberté, si elle était rendue à la France, pouvait conjurer les menaces dues aux conceptions solitaires d'un chef irresponsable.

Lié avec M. Mignet depuis 1830, ses relations également anciennes avec M. Thiers s'étaient resserrées peu à peu. Après 1860, leur intimité était devenue presque étroite. La mort de M. Cousin, auquel il avait fermé les yeux en 1867, avait laissé dans sa vie un grand vide qui n'avait été comblé ni par la fortune inattendue que M. Cousin lui avait léguée, ni par le dépôt de la précieuse bibliothèque dont il devenait pour toute sa vie le gardien. Presque chaque soir, il prenait le chemin de la place Saint-Georges et ses journées, commencées avant l'aube dans le travail et l'isolement, s'achevaient au milieu des conversations politiques les plus animées dans le salon de M. Thiers, qui réunissait, avec l'opposition libérale, tout ce qui avait un nom dans la science, dans la politique et la diplomatie.

Les élections de 1869 approchaient. Le département de Seine-et-Oise confia de nouveau à M. Barthélemy Saint-Hilaire le mandat interrompu en 1851. Il rentrait au Palais-Bourbon, tel qu'il en était sorti dix-huit ans auparavant, préférant la république à la monarchie, mais ne provoquant pas les révolutions, profondément résolu sans violence de paroles, fidèle à son parti sans aigreur, prêt à étudier à fond toutes les questions et à les discuter de bonne foi. Appartenant à la « gauche ouverte », siégeant à côté des plus modérés, il prit part à plusieurs débats, il demanda l'unification du budget, la

clarté de nos comptes et l'extension de l'amor-
tissement. On était au 4 juillet.

Ce fut le dernier grand discours d'affaires
qu'entendit le Corps législatif. L'orage gron-
dait; peu de semaines après, les prévisions
sinistres des plus irréconciliables adversaires
de l'Empire étaient réalisées. Le territoire
était envahi et le pouvoir vacant.

M. Barthélemy Saint-Hilaire demeura à
Paris pendant le siège. Il était de ceux qui
surent en cette longue crise répandre autour
d'eux la force morale; comme M. Vitet,
comme M. Dufaure, comme M. Augustin
Cochin, il se multipliait partout où il pouvait
apporter un peu de courage. Sa vue seule,
je m'en souviens, répandait l'énergie. C'était
bien l'âme d'un stoïcien s'attendant à toutes
les révolutions : il ne s'étonnait de rien.
Mais, à cette vertu toute passive, il joignait
ce qu'inspire la philosophie spiritualiste : le
devoir d'agir; il était disposé pour la patrie
aux derniers sacrifices, résolu pour lui-
même à toutes les luttes, prêt à tout braver.

La fin de la guerre lui imposait de nou-
veaux devoirs. Élu le premier sur la liste
de Seine-et-Oise, il se rendit à Bordeaux.
Le 16 février, il était un des sept qui propo-
saient de confier le pouvoir exécutif à l'élu
de 27 départements; deux jours après,
l'Assemblée le désignait parmi les quinze
membres qui devaient se rendre à Paris
pour assister le chef du pouvoir exécutif
dans ses douloureuses négociations. A dater
de ces heures terribles, il ne quitta plus
M. Thiers : pendant plus de deux ans,
secrétaire général de la présidence, il exer-
çait auprès de son illustre ami une fonction
bien supérieure à son titre : mêlé à toutes
les affaires, vivant dans l'intimité du président, partageant ses travaux, ne lui dégui-
sant jamais la vérité, assistant à ses veilles,
il traversa les mêmes angoisses; l'aidant
dans son œuvre avec une puissance de travail que rien ne faisait fléchir, ne songeant
qu'à la chose publique, désintéressé pour
lui-même, rude envers autrui; M. Bar-

thélemy Saint-Hilaire, dans toute cette période, traitait les autres comme il se traitait lui-même, sans ménagements d'aucune sorte.

Avec une activité extraordinaire et une perpétuelle tension de la volonté, sa pensée aimait à se concentrer vers un seul but. Son âme était simple et son cœur droit. Pour lui l'admiration était une jouissance, la fidélité un besoin. Pendant trente ans, il avait donné sa vie à M. Cousin. Désormais il appartenait à M. Thiers, remerciant Dieu de l'avoir fait le confident et le témoin des deux intelligences les plus hautes qu'il eût rencontrées en son siècle. Il était naturellement un disciple, servant son maître sans flatteries, le défendant, accueillant ses amis, mais sévère pour les ambitieux et intraitable pour les solliciteurs; s'il avait été plus soucieux de ses intérêts, il eût imité l'économe de la parabole : il se fût préparé à peu de frais pour les heures de mauvaise fortune des obligés et des clients. Il n'y songea pas un

moment, absorbé par la grandeur d'une
tâche qui était à la hauteur de son patrio-
tisme. Ce républicain, dont l'âme était éprise
du Consulat, assistait avec une joie incomparable au relèvement de la France accompli
sous la République par un chef d'État ser-
viteur de la liberté. Il jugeait les événements
présents à travers le mirage que donne le
lointain de l'histoire; il se consolait de
blesser parfois ses contemporains en se
disant que la grande œuvre à laquelle il était
associé serait comprise par la postérité.

Lorsque vint l'heure de la chute, ses souf-
frances de bon citoyen ne se traduisirent
ni en récriminations, ni en amertume. Sa
parole que ses collègues n'avaient pas
entendue depuis deux ans ne s'éleva pas une
fois à l'Assemblée nationale, dont il suivait
silencieusement les débats. Ses longues et
laborieuses matinées lui donnaient régulièrement, avant les occupations de la journée,
six heures de travail solitaire. Au lieu de
préparer les affaires d'État, il mettait la

dernière main à la troisième édition de la *Politique* d'Aristote, ne laissant échapper qu'une allusion de trois lignes aux événements dont il avait été le témoin.

Il avait besoin de s'épancher ailleurs. En 1849, il avait répondu, avec ses confrères de l'Académie, à l'appel du général Cavaignac, en adressant des conseils à la Démocratie française. Il crut que l'heure était venue de publier une édition nouvelle ; deux révolutions avaient accru son expérience. Aussi ne ménage-t-il personne. Il déclare au parti conservateur qu'il se mêle très insuffisamment à la politique, qu'il passe des longues inerties à l'affolement et que son influence serait décisive si, maître, comme il l'est, des forces sociales, il savait en faire usage. Il montre que la création d'une aristocratie a été de tout temps, chez tous les peuples, une condition de la durée des républiques. Il ajoute que nos gouvernants n'ont pas compris de quel poids la vertu pèse dans la vie des nations, dans leur puissance et

dans leur prospérité et il conclut ainsi :
« Nous avons à remonter un impétueux courant depuis deux siècles pour épurer nos mœurs et les rendre dignes de la liberté que nous avons conquise et dont nous ne savons pas user. »

Tels étaient les conseils qu'il faisait entendre dans ce salon de M. Thiers, où on le trouvait chaque soir. La collaboration des jours terribles était devenue l'amitié la plus touchante. Entre les éclats d'une intelligence supérieure demeurée impétueuse jusqu'au terme de la vie et la sérénité toujours calme du philosophe, il y avait un contraste qui était pour chacun un attrait. La mort de M. Thiers fut le coup le plus rude qu'il pût ressentir. Une communauté de pensée confirmée par des entretiens de chaque jour était brisée. Comme à la mort de M. Cousin, pour la seconde fois de sa vie, son âme était veuve.

Ce fut encore la philosophie qui lui vint en aide. Il reprit son grand dessein, retourna aux philosophes grecs ; il demanda des consolations aux *Pensées* de Marc-Aurèle, qu'il venait de publier, et se plongea dans la préparation de la *Métaphysique*.

Peu à peu, il se rattacha à la politique. Il faisait partie du Sénat, où l'Assemblée nationale l'avait élu sur la liste des premiers sénateurs inamovibles (14ᵉ sur 75). Il y trouvait, dans une atmosphère plus sereine, ces discussions réfléchies qu'il aimait. Il abordait très rarement la tribune, mais il était assidu aux séances et ses collègues appréciaient de plus en plus la franchise courageuse de ses opinions.

Ses entretiens étaient recherchés, on faisait appel à ses souvenirs ; il était le témoin très vivant et très convaincu d'un passé qui semblait déjà éloigné ; le Sénat le choisit, au début de l'année 1880, comme vice-président ; une autre couche d'hommes politiques était arrivée aux affaires, manquant de traditions, elle les cherchait : un jour vint où on sentit le besoin de recourir à son expérience.

Le 23 septembre 1880, M. Barthélemy Saint-Hilaire devenait ministre des Affaires étrangères. Ceux qui s'effrayaient d'une telle mission ignoraient ce que peut un dévouement sans mesure au service d'une intelligence ouverte : il appartenait à une génération d'hommes politiques qui avaient toujours aimé à suivre les affaires extérieures ; à toute époque, il s'y était mêlé ; lectures, conversations, voyages l'avaient initié à toutes les questions, bien avant que, dans le salon de M. Thiers, il eût été appelé à vivre auprès des ambassadeurs. Les représentants des puissances étrangères le connaissaient de longue date : son nom était une tradition.

Dix-huit ans écoulés nous ont fait oublier l'état des esprits en 1880. Nous étions sortis de la guerre, non seulement dépouillés, mais meurtris. Le recueillement s'imposait; il se fût aisément changé en une abstention totale, et telle était la répugnance pour toute initiative qu'un orateur favori de la foule, aimé de la démocratie, voyait décliner sa popularité parce qu'il était soupçonné de vouloir agir. Un ministre des Affaires étrangères qui se serait appliqué à ne rien faire aurait eu avec lui la majorité des Chambres; l'histoire n'enseigne que trop tôt et trop durement de quel prix se payent les politiques d'effacement.

M. Barthélemy Saint-Hilaire sut agir. Il intervint avec vigueur, à temps et à propos, n'hésitant pas à prendre parti sur trois questions : l'Égypte, la Grèce et la Tunisie.

Très résolu à sauver l'indépendance de notre politique, il était partisan de l'entente avec l'Angleterre : son ancien attachement pour l'Égypte lui avait fait concevoir pour ce pays d'Orient que l'eau et le soleil ont doué de toutes les fécondités, une ère de développement sous le double protectorat des deux nations les plus libres de l'Occident. Il repoussait de toutes les forces qui l'attachaient à la civilisation une rivalité sur les bords du Nil; il croyait et disait que la

France et l'Angleterre avaient le droit d'être
très fières et qu'elles ne pouvaient éviter le
conflit de leurs ambitions légitimes qu'en
s'expliquant loyalement et en ne laissant
jamais naître, encore moins se prolonger
une équivoque. La droiture et l'initiative
pouvaient seules assurer le succès de cette
politique. Pendant quinze mois, à travers
les insurrections militaires qui laissaient
entrevoir un horizon chargé d'orages,
M. Barthélemy Saint-Hilaire la pratiqua
avec fermeté, au grand profit de l'Égypte et
de la paix du monde.

Le feu couvait en Égypte. En Grèce,
l'incendie avait éclaté. Enflammé d'ambition
et incapable de la satisfaire, ce peuple,
enivré de son passé, rêvait des conquêtes
impossibles : il courait aux armes, enrôlait
des volontaires, préparait une agression
contre la Turquie, évoquant les souvenirs de
la guerre d'indépendance. La Grèce voulait,
en imitant de récents exemples, tirer de la
révolution des conquêtes faciles. M. Barthé-

lemy Saint-Hilaire aimait passionnément la Grèce ; il comprit le danger, il vit clairement qu'elle se précipitait au-devant d'un désastre certain. C'est en vain que les Cabinets prodiguaient les conseils de prudence ; ils n'étaient pas écoutés. La vérité que les Hellènes ne voulaient pas accepter de l'Europe, notre ministre des Affaires étrangères entreprit de la leur faire parvenir. Quand la folie s'empare d'un homme ou d'un peuple, il n'est rien de tel que les conseils d'un ami.

Qui aurait pu douter à Athènes des sentiments du doyen des philhellènes ? M. Barthélemy Saint-Hilaire avait deux qualités rares : la conviction et le courage. Il parla haut et ferme. Ses dépêches se multiplièrent ; il les écrivait toutes lui-même ; son langage est solide et précis, sans aucune équivoque. Il ne négligea rien pour calmer l'enthousiasme des Grecs, pour dissiper leurs illusions : la guerre aujourd'hui fomentée et demain déclarée par eux, c'était la ruine de leurs espérances; il les sommait de suspendre leurs armements, provocations aussi périlleuses que vaines.

Il s'adressait en même temps à l'Europe, lui rappelait les promesses faites au congrès de Berlin, la rectification de frontières promise aux Grecs; les puissances se décidaient à peser sur la Turquie, et, en mai 1881, les passions étaient apaisées, la guerre qui menaçait l'Europe d'une conflagration générale évitée, et la Grèce obtenait, sans verser une goutte de sang, la Thessalie.

Pourquoi ne lui a-t-il pas été donné d'avoir, seize ans plus tard, lors d'un nouvel accès d'exaltation patriotique, à écouter la voix d'un vieillard lui parlant de son passé pour la sauver contre elle-même? elle n'aurait pas perdu par sa témérité des limites que lui avait données la sagesse politique.

Quelles que fussent ses sympathies pour la péninsule hellénique, M. Barthélemy Saint-Hilaire suivait avec un bien autre intérêt les événements qui s'accomplissaient

sur les frontières de nos possessions algé-
riennes. La Tunisie, livrée à l'intrigue, était
gouvernée par la faiblesse, elle avait laissé
le désordre s'établir parmi les tribus voisines
de notre grande colonie africaine : notre
sécurité était menacée. On sait comment une
campagne d'un mois aboutissant au traité du
Bardo assujettit en mai 1881 la Régence de
Tunis au protectorat de la France; mais on
ignore la part que prit M. Barthélemy Saint-
Hilaire à ces décisions. Dans les délibéra-
tions du Ministère, c'était le doyen du
Cabinet qui se montrait le plus jeune.
Tandis qu'autour de lui ses collègues hési-
taient, qu'on se demandait ce que penserait
l'étranger, qu'on proposait d'ouvrir des
pourparlers, le ministre des Affaires étrangères vit clairement qu'il ne s'agissait pas
de négocier, mais d'agir. Ses dépêches à
notre consul révèlent sa décision. De Paris,
il dirigeait l'expédition, faisait presser les
généraux et précipitait la marche des
troupes; il rédigeait le projet de convention

et imposait par la force habilement conduite le traité de paix que sa diplomatie avait conçu. L'introduction en France du système du Protectorat que les Anglais avaient emprunté aux Romains, lui appartient en propre. Il avait longuement étudié les conditions de la domination britannique aux Indes et cet emprunt d'une forme nouvelle était le fruit de ses plus sérieuses méditations. Il donnait ainsi à notre pays une excellente méthode de gouvernement propre à assurer la paix dans les contrées où règnent une civilisation, une religion, une langue et des mœurs étrangères. Il devait la voir inaugurer, avec un rare succès, sous la main habile et ferme d'un de nos confrères[1]; dès les premiers jours, il préparait, sans secousse, l'avenir de la Tunisie qui depuis dix-sept ans a vu s'accroître par un progrès régulier de l'agriculture et du commerce, et

---

1. M. Paul Cambon, résident général de France en Tunisie, pendant quatre années, élu en 1891 membre de l'Académie.

au grand profit de la France, toutes les sources de la prospérité publique.

Lorsqu'il quitta les affaires, M. Barthélemy Saint-Hilaire publia pour quelques amis le compte rendu de ce qu'il avait fait : il estimait qu'un homme public, en descendant de charge, devait à son pays une déposition. Elle est simple et grande, naturelle et sans vanité. Son ambition était d'avoir loyalement servi la France.

Il n'avait pas l'audace de déclarer comme Platon que les peuples ne seraient heureux que quand les philosophes seraient leurs chefs; mais il avait apporté aax affaires cette droiture courageuse qui est le propre des sages et il croyait fermement que le culte de la sagesse était plus utile encore au salut des États qu'à la facilité des individus.

M. Barthélemy Saint-Hilaire sortait du ministère à soixante-seize ans. Pour la plupart des hommes, c'est l'âge du repos. Votre confrère ne l'entendait pas ainsi. « Il ne suffit pas de travailler, disait-il à un jeune homme ; le secret du bonheur en ce monde est de s'assigner une tâche tellement longue, tellement haute que, selon les vraisemblances, la vie ne saurait y suffire. » Il la reprenait à la fin de 1881, et, un an après, il imprimait le 31e volume de sa traduction d'Aristote.

Nous ne pouvons tenter ici d'analyser les préfaces que M. Barthélemy Saint-Hilaire a placées en tête de chacun des traités du Péripatéticien. Ces introductions étaient de savants mémoires ; il se plaisait à exposer ses opinions personnelles, en les rapprochant des textes ; à travers ces morceaux détachés, on retrouve sa pensée propre : il serait facile de montrer sa philosophie identique à elle-même. Il a été fidèle au spiritualisme, dans toute sa portée, dans toute sa force ; il n'y a rien ajouté : chose étrange ! ce philosophe qui a écrit trente-cinq volumes sur Aristote est demeuré invariablement platonicien. Son étude sur Socrate, la dernière qu'il ait écrite, ne laisse pas de doute.

Pour lui, ce n'était pas seulement le premier des philosophes, c'était le modèle. Un de nos confrères a dit que Socrate était le premier grand instituteur de l'humanité[1]. M. Barthélemy Saint-Hilaire souscrivait à ce jugement. Avec une sincérité un peu rude qui faisait partie de sa nature, il se serait cru coupable de faiblesse ou de fausseté, s'il n'avait pas relevé les erreurs d'Aristote : c'est en les signalant avec autorité que le traducteur atteste en des pages éloquentes sa foi en l'âme, force libre, distincte et immortelle, source des facultés morales dont l'homme est doué, fondement de toute philosophie, et se rattachant intimement à l'idée de Dieu.

Tous ses écrits dérivaient de la même inspiration. Il pensait à un ouvrage sur les rapports de la philosophie avec les sciences et avec la religion. Il menait de front tous ces travaux.

1. M. Lévêque, son confrère dans la section de philosophie.

Il entrait ainsi dans la vieillesse, sans dévier de sa route, en conservant toute sa puissance d'activité. L'Académie et le *Journal des Savants*, la Grèce et l'Inde se partageaient ses longues et laborieuses matinées. Sa vie était la même ; ses convictions n'avaient pas changé ; seulement le contact avec les hommes qui dirigeaient les affaires publiques avait apporté à sa pensée des lumières nouvelles : il avait étudié les idées qui tendaient à prévaloir et les avait comparées à la politique des hommes d'État qu'il avait servis. Il voyait croître les divergences et il en était effrayé. Il discernait les fautes et les signalait avec force. Son jugement devenait de plus en plus sévère. Malgré la sûreté de sa parole, il ne montait plus à la tribune. Un jour vint cependant où le silence lui parut une lâcheté. Proposé par le parti au pouvoir, l'exil, rayé de nos lois depuis 1871, allait y reparaître ; républicain, il avait voté douze ans auparavant l'abolition des proscriptions ; il entendait persister dans son vote. M. Challemel-Lacour venait de remporter un de ses succès oratoires en réclamant l'exil des princes. M. Barthélemy Saint-Hilaire lui répondit; il voyait dans la loi proposée une iniquité; son sentiment de la justice en était révolté; il voulait dire au Sénat toute sa pensée : la gravité de la situation venait, selon lui, non des démarches des princes, mais de certaines faiblesses du pouvoir vis-à-vis des partis extrêmes. « Les gouvernements, disait-il tristement en citant les révolutions de ce siècle, périssent bien moins, l'histoire le montre, par les attaques de leurs adversaires que par leurs propres fautes. » Le Sénat sentait que l'orateur « obéissait à un devoir et à sa conscience, dans l'intérêt de la patrie ». Son intervention fit un grand effet et contribua au rejet de la loi.

Ce fut son dernier discours. D'autres mesures lui parurent déplorables. Il avait un sentiment trop profond de la justice, il la croyait trop nécessaire dans une république pour ne pas s'élever contre l'atteinte portée à l'inamovibilité de la magistrature par l'esprit de parti. Il laissa à d'autres l'honneur des longues harangues, et ne parut à la tribune que pour y porter une courte mais véhémente protestation.

Il n'intervint plus dans les débats, bien que son existence et ses forces fussent loin de toucher à leur terme. Il devait vivre encore douze années, assidu au Sénat, en pleine possession de son intelligence et de sa parole, travaillant, pensant, au courant de tous les événements de l'Europe, lisant les journaux étrangers, s'intéressant à tout, écrivant comme dans son âge mûr, et cependant se refusant à prendre part aux discussions.

Son état d'esprit inspirait le respect. Il parlait de son temps avec une rare profondeur, jugeait les partis, surtout le sien, avec sévérité, ne ménageait personne, mais avec un tel sentiment d'impartialité, un si visible attachement aux destinées de la patrie, que

nul ne mettait en doute sa sincérité. Il
n'avait ni l'amertume, ni le découragement
des vieillards. Après l'avoir entendu, on se
sentait poussé vers l'action. Combien de
gens dont les critiques finissent en gémisse-
ments d'impuissance! les siennes se tour-
naient toujours en viriles exhortations. Il
aimait la jeunesse, parce qu'il voyait en
elle les remèdes qui pouvaient seuls nous
guérir. Il poussait les jeunes gens à parler,
à écrire : il leur montrait ce qu'en Angleterre les partis savent faire pour la propa-
gande; il présidait leurs réunions et s'asso-
ciait à leurs efforts. De 1885 à 1893, il n'est
pas une de nos luttes électorales, où des
lettres de lui n'aient porté, avec son vieux
nom républicain, des appels aux électeurs
pour les supplier d'envoyer dans les Chambres des intelligences prêtes à lutter contre
le flot montant des médiocrités radicales.

Que de fois nous lui avons entendu dire
qu'un homme public, qu'un philosophe
devait, au cours de sa vie, en pleine posses-

sion de ses facultés, faire une sorte de déposition dans laquelle, témoin impartial, il donnerait une forme définitive au jugement de sa pensée! Ce testament politique, il l'avait écrit à soixante-trois ans. Les événements de 1870 l'ont empêché de publier cet ouvrage consacré à l'*État moral de la France*.

Ceux qui ont écouté ses souvenirs dans la dernière partie de sa vie le retrouvent tout entier dans ce tableau brillant et profond, qui constitue l'avertissement le plus grave qui puisse être donné à une nation. Nul ne pourra le lire sans y sentir battre le cœur d'un vrai patriote.

En écrivant ce livre, il l'avoue, sa tristesse a été profonde. Comment eût-il éprouvé une autre impression en face de tant de déceptions et de catastrophes? mais il se hâte d'ajouter que l'affliction n'est pas du désespoir. Il a foi aux destinées de la France. Il a toujours espéré et, s'il doit être sévère, il veut que le lecteur ne l'attribue pas au pes-

simisme : il veut que chacun sache qui il
est, ce qu'il pense, pourquoi il écrit.

« Je puis déclarer, dit-il, que je ne porte
dans mon cœur aucune amertume, de quelque genre que ce soit. Je remercie Dieu de
m'avoir appelé à la vie et de m'avoir permis
la vue de l'univers. Je n'ai reçu que des
bienfaits de la société au milieu de laquelle
le ciel m'a fait naître. J'ai même dû, quel-
quefois, ne pas accepter ceux qu'elle m'a
généreusement offerts. Je serais bien ingrat
à mes propres yeux si je n'avais pas pour
elle une reconnaissance absolue. C'est pour
lui payer mon humble dette que je lui ai
consacré cette étude.

« J'aurais bien voulu ne pas apporter
comme tout autre ma part individuelle à la
somme de mal trop réel que je déplore. Mais
qui de nous n'est pas coupable à quelque
degré? Quand on approche du terme de la
vie et qu'on se repent, que peut-on faire de
plus que d'indiquer à ses successeurs les
fautes que l'on connaît pour y avoir parti-

cipé? On les signale aux autres d'autant plus sûrement qu'on les regrette; et, bien comprises, elles ont même cet avantage de nous forcer à l'indulgence qu'on accorde avec moins de peine, dès qu'on s'avoue qu'on en a soi-même l'inévitable besoin. »

Le préambule est digne de l'ouvrage. Le résumé de nos quatre-vingts ans d'agitation est saisissant. Né quinze ans après le grand drame, il a connu quelques-uns des acteurs qui ont rempli la scène; il parle des événements avec l'émotion d'un contemporain et la sagesse d'un philosophe. Partisan résolu de la Révolution de 1789, il hait les révolutionnaires et toutes les sortes de jacobins : il s'attache à montrer dans chaque régime les fautes des gouvernants et les fautes non moins graves des gouvernés, dégageant de chaque secousse la responsabilité qui pèse sur les chefs, rois ou empereurs, et la responsabilité de la nation complice, active ou muette.

Il suit ainsi parallèlement le sort du pouvoir et du peuple, portant les jugements les plus profonds, plein de respect pour l'inspiration qui anime les cahiers des États Généraux, excusant la Constituante qui, placée au bord de l'abîme, s'est trouvée amenée à gouverner sans y être en rien préparée, exprimant son exécration pour la Terreur, son mépris pour le Directoire, réservant toute son admiration pour les trois premières années du Consulat, montrant comment cette ivresse qui transportait la France reconnaissante gagna malheureusement celui qui la causait, et décrivant la fin inévitable d'un homme de génie qui a pu dominer le monde sans savoir se dominer lui-même. Il achève le tableau en jugeant la Restauration, le Gouvernement de Juillet, la République de 1848 et l'Empire, s'attachant surtout à suivre le rôle de la nation et la part qu'elle a prise à des chutes qu'elle ne souhaitait pas.

Si chacun des gouvernements s'est perdu par ses fautes, si, à y regarder de près, aucun d'entre eux n'a été renversé par une action combinée et décisive des citoyens, quel rôle a donc joué la nation? L'auteur répond qu'elle a été inerte et sans volonté, qu'à toute époque elle s'est abandonnée, que l'immensité de notre Révolution tient à des siècles de négligence, que dans ses regrets rétrospectifs de chacune de nos crises, elle ressemble au Sénat de 1814 condamnant l'Empire et proclamant sa déchéance pour les fautes qu'il avait lui-même laissées passer.

Il conclut en déclarant qu'un peuple ne peut conserver sa liberté que s'il montre une vigilance constante et que toutes nos révolutions sont la suite fatale de l'indifférence en matière politique.

Comment réveiller une nation indifférente? Comment donner aux citoyens le sentiment de leur rôle et en réalité de leurs devoirs? voilà l'étude à laquelle il se livre avec la sagacité la plus attentive. Le nombre des bons citoyens est trop rare. Or, qu'est-ce que la décadence? quand se produit-elle? Quand le nombre des bons citoyens, jadis considérable, s'est peu à peu réduit jusqu'à devenir tout à fait insuffisant et que la somme de vertus qui est nécessaire au salut des États comme au salut de l'âme humaine, n'est plus assez grande pour contre-balancer la somme des vices qui les ruinent inévitablement.

Tout le problème politique est donc un problème moral.

Inspirer aux citoyens la fermeté qui repose sur des principes, et la constance à s'occuper des affaires communes, voilà le but. Aussi s'adresse-t-il à la masse des esprits éclairés, à ceux qui forment l'élite de la nation, qui ont la propriété, la fortune, les lumières et qui peuvent tenir en leurs mains les destinées du pays, s'ils savent vaincre leur propre égoïsme.

Il leur déclare qu'ils n'ont pas à un assez haut degré le sentiment de leur devoir. Ils doivent le puiser à sa vraie source. La philosophie ne suffit pas. La religion seule

peut assurer en un peuple la notion du
devoir. « Un peuple irréligieux ne saurait
être un peuple libre. Quand une nation ne
reconnaît rien au-dessus d'elle, elle est bien
près de tomber dans les ivresses et les éga-
rements irrésistibles du pouvoir absolu. »

Dans un long chapitre consacré à la religion, il va jusqu'au fond de sa pensée, résolu
à ne laisser aucune équivoque. Il s'adresse
au clergé, lui montre que la politique l'a
toujours compromis, qu'il doit y renoncer
pour s'en tenir uniquement à ce qui est son
but et à ce qui fait sa force : l'enseignement
dans les 50 000 chaires qu'il possède de la
plus admirable morale qu'ait vue l'humanité.
Il ne se borne pas à des idées générales sur
la prédication : il veut que la religion soit
une réalité ; il demande au clergé d'exiger du
catholique la lecture d'un livre sacré : « On
déserte l'église, dit-il, parce qu'on a depuis
longtemps déserté son âme. L'étude habi-
tuelle du livre sacré ramènerait au sanctuaire
public, parce qu'elle aurait entretenu le

sanctuaire intérieur sans lequel l'acte n'est rien. » Voici par quelles graves paroles il termine cette déclaration de sa conscience politique : « Religion, liberté, grandeur du peuple français, ce sont là des termes corrélatifs et inséparables. Je plains qui ne le voit pas, et pour moi je me sentirais coupable de ne pas exprimer énergiquement ma conviction quand elle est si arrêtée et si ferme. »

Les pages qu'il consacre à l'éducation nationale ne sont pas moins fortes. Laissant à dessein de côté ce qui regarde l'instruction, il se demande à qui incombe le soin de faire l'éducation de la jeunesse, et il répond sans hésiter qu'elle doit venir de la famille. C'est vers elle qu'il se tourne : il lui demande si, dans l'état de nos mœurs, elle comprend cette mission, si elle s'y attache dès le premier âge, si elle la poursuit aux heures où l'enfant rentre du lycée, si, à la fin des études scolaires, la famille par une étrange aberration ne croit pas son rôle fini. « Il est

évident, conclut-il, que chez nous l'éducation cesse avant d'être faite. — A aucun
degré, ajoute-t-il plus loin, l'éducation n'est
ce qu'elle devrait être. La famille est, à cet
endroit, atteinte d'une telle blessure qu'elle
ne sent même pas qu'elle est si grièvement
blessée [1]. »

Toute la fin du livre est destinée à la
bourgeoisie française. Il entend par ce mot
tout ce qui ne vit pas d'un métier manuel.
La bourgeoisie possède les forces sociales :
l'intelligence et la propriété; elle est tout
dans la société; elle n'est pas une caste
fermée, elle est une aristocratie se renouve-
lant incessamment, par l'élimination de ceux
qui descendent et par l'accession de ceux qui

---

[1]. Il souffrait amèrement de n'avoir pas fondé une
famille : il ne manquait pas une occasion de manifester
ses regrets et de les tourner en conseils. A défaut de
famille, il aimait à s'occuper des jeunes gens et les atti-
rait; il fallait le voir à la Fondation Thiers, où se pré-
pare une élite; il a manifesté le fond de sa pensée dans
son testament en confiant à l'*Académie des Sciences
morales et politiques* la mission d'attribuer quinze
bourses triennales aux plus brillants lauréats du concours général.

montent. C'est elle qui doit gouverner, « à moins, dit-il avec courage, qu'on ne veuille faire gouverner la société par ce qu'elle a de moins bon, de moins intelligent, de moins cultivé ». C'est à elle qu'il s'adresse pour lui montrer ses défauts : — son ignorance, parce qu'elle ne lit pas, ou ne lit que les journaux ; — ses ambitions malsaines, parce qu'elle veut faire de ses fils des fonctionnaires, au lieu de les maintenir dans la voie du travail auquel elle doit tout ; — son indulgence pour la corruption qui ruine l'âme de ses enfants ; — enfin ses calculs égoïstes qui réduisent la population et menacent l'avenir de la patrie. Il termine cette étude en se posant la question qui nous obsède : allons-nous à la décadence ?

Non, répond-il, car le progrès matériel est partout et avec lui le labeur universel. Quand les peuples commencent à déchoir, ils cessent en même temps de travailler.

Mais si la bourgeoisie manque à ses devoirs, si elle n'agit pas partout, à tous les degrés, sous toutes les formes, si elle n'est pas pénétrée de son devoir, si elle n'est pas résolue à agir, la France est perdue.

Ce livre est un grand livre de morale sociale. C'est une sorte de testament qui tient la première place dans l'œuvre du philosophe, parce qu'il est à lui seul un acte de courage civil. Les années ont passé; de nouvelles révolutions ont éclaté, M. Barthélemy Saint-Hilaire a relu son manuscrit; il n'y a changé que quelques mots, maintenant et confirmant dans sa vieillesse le jugement qu'il avait porté.

Le fond de ses convictions était toujours le même, ne variant pas plus que l'emploi de sa vie. En 1892, il publiait le dernier volume de la traduction générale d'Aristote : c'était le 35e. Il y avait soixante-cinq ans qu'il s'était mis à la tâche. Peu d'années auparavant, dans une fête intime, l'Académie avait rendu hommage à cette persévérance dans le travail, qui était sans précédents, en lui remettant, pour le cinquantième anniversaire de son entrée dans notre Compagnie, une médaille frappée à son effigie.

Cet achèvement de son œuvre l'étonnait, mais il ne laissait pas le vide entrer dans sa vie. Depuis longtemps, il avait des devoirs à acquitter envers de grandes mémoires : la gratitude de sa première jeunesse le liait à Eugène Burnouf, la reconnaissance de sa vie d'homme le rattachait à jamais à M. Cousin. Il retraça l'œuvre du grand orientaliste dans le *Journal des Savants*; puis il consacra plusieurs années à achever le classement des papiers conservés dans la précieuse collection dont il avait la garde et il écrivit de 1890 à 1893 trois gros volumes sur Victor Cousin, sa vie et sa correspondance, en joignant aux recherches tout ce que pouvaient y ajouter ses souvenirs sur celui qu'il avait aimé et qui était mort entre ses bras.

Vous vous souvenez de votre surprise, quand il vous apporta cet ouvrage. Elle fut bien autrement vive lorsque M. Barthélemy

Saint-Hilaire nous annonça qu'il allait entreprendre la traduction de Platon : bientôt il venait nous lire un morceau qui commençait la cinquante-septième année de ses travaux académiques. « Maintenant, écrivait-il, libre de toute autre obligation, je puis me donner tout entier à Socrate et à Platon, trop heureux de passer avec eux et M. Cousin le temps qui me reste à vivre. Quel commerce que celui-là, quel aliment, quel cordial que leurs sublimes théories! C'est une grâce. de plus dans mon existence déjà bien longue [1]. »

Sa vie était gouvernée avec un ordre et avec un soin particuliers; il en avait toujours fait deux parts. Le travail acharné du matin lui donnait six heures d'effort continu, il consacrait la journée au Sénat, à l'Académie, aux Commissions, où il était toujours le plus exact, le soir aux amitiés qui lui étaient restées aussi fidèles qu'il l'était lui-même. Loin

---

1. *Avertissement* inséré en tête du premier volume des *Œuvres de Platon*, publié quelques mois après la mort de M. Barthélemy Saint-Hilaire. Paris, Hachette, 1896.

de se renfermer, son caractère s'était ouvert et comme adouci avec l'âge : il aimait à parler à ceux qui devaient lui survivre. Après nos séances du samedi, nous remarquions que ses conversations se prolongeaient davantage. « Pourquoi, nous dit-il un jour, la Providence laisse-t-elle vivre les vieillards, si ce n'est pour qu'ils essayent de transmettre à ceux qui les suivent un peu de leur expérience? On demande pourquoi je parle, à quoi sert que j'avertisse autour de moi. Je n'ai qu'une réponse : c'est le devoir que Dieu impose à mes quatre-vingt-dix ans. »

Il ne se lassait pas d'avertir et de parler! la vue des hommes se rétrécit souvent avec l'âge. Beaucoup de vieillards aiment les petits faits et les souvenirs mesquins du passé. M. Barthélemy Saint-Hilaire s'attachait aux idées générales, aux grands faits de l'histoire. Les deux passions, les deux enthousiasmes de sa vie, les deux idées qui faisaient vibrer son âme : Dieu et la liberté, revenaient sans cesse dans ses entretiens.

Dieu n'était pas pour lui, comme pour certains théistes, l'abstraction suprême, mais une réalité présente et vivante, voulant et agissant, disposant de nous par sa providence, nous envoyant les biens et les maux, en attendant qu'elle mît un terme à l'épreuve passagère à laquelle devait succéder la vie éternelle de l'âme. Il vivait dans l'attente, non point immobile, mais en perpétuelle activité, tenant pour certain que l'intelligence et la force lui étaient laissées dans des années de grâce, non pour en jouir, mais afin de s'en servir pour le profit de ses semblables.

Sentinelle vigilante, il ne voulait pas être surpris au sommeil. « Il faut, disait-il, que l'homme assigne à sa vie un but supérieur et dresse un plan. C'est assurer le calme de la vieillesse. Voyez ce qui m'est arrivé : contrairement à toute attente, j'ai pu venir à bout d'Aristote. J'ai consacré trois volumes à M. Cousin, comme je le devais. J'ai pu commencer la nouvelle édition de Platon.

Dieu y mettra un terme quand il le voudra. Sera-ce au premier, au deuxième volume? Je suis prêt et je m'arrêterai le cœur plein de reconnaissance de ce qu'il m'aura permis de faire. »

Le 24 novembre 1895, dans sa quatre-vingt-onzième année, en pleine santé du corps et de l'esprit, sans souffrance, sans rien qui pût alarmer, M. Barthélemy Saint-Hilaire cessa de vivre.

Nous perdions un bon citoyen et un sage, un survivant d'un temps dont nul ne pouvait plus nous rappeler les souvenirs, un conseiller sévère sans misanthropie, un philosophe dont la vie entière était un exemple, un citoyen passionné pour son pays, ayant rempli les plus hautes charges sans orgueil comme sans ambition personnelle, ayant considéré la vie comme le plus grand devoir, s'y étant dévoué sérieusement, sans se laisser distraire; sa mémoire vivra dans le sein de l'Académie qu'il a honorée par ses travaux; elle sera fidèlement conservée par ceux qui ont écouté sa parole, et qui ont vu en lui un de ces hommes rares qui font comprendre sur quelles vertus doivent se fonder les Républiques.

# BARTHÉLEMY SAINT-HILAIRE

## SA VIE

1805. 19 août, sa naissance.

1825. Aspirant surnuméraire au Ministère des finances.

1834. Répétiteur à l'École polytechnique jusqu'en 1848.

1838. Professeur de philosophie grecque et latine au Collège de France jusqu'en 1852.

1839. Membre de l'Académie des sciences morales et politiques.

1840. Chef de cabinet du ministre de l'Instruction publique.

1848. Secrétaire du gouvernement provisoire et de la Commission du pouvoir exécutif.
Représentant du peuple pour le département de Seine-et-Oise.

1849. Administrateur du Collège de France.

1852.          »          démissionnaire.

1855. Secrétaire général de la Cie de l'isthme de Suez.

1857.          »          démissionnaire.

1869. Député au corps législatif pour Seine-et-Oise.

1871. Député à l'Assemblée nationale pour Seine-et-
Oise.
Secrétaire général de la présidence de la République jusqu'au 24 mai 1873.
1875. Sénateur inamovible.
1880. Vice-président du Sénat.
1880. Ministre des affaires étrangères, 1880-1881.
1895. 24 novembre, sa mort.

# SES OUVRAGES

1. **Traduction générale d'Aristote**, 35 volumes
in-8°, publiés de 1837 à 1892, savoir :

*a.* **Politique d'Aristote**, traduite en français, avec le
texte collationné sur les manuscrits et les éditions principales. 2 volumes in-8° : I, CLXXXIX-
328 pages ; II, 558 pages. Paris, Imprimerie
royale, 1837. — 2° édition, la traduction seule,
1 volume, CLXXXVI-531 pages. — 3° édition, *idem*,
1 volume, CLXXVIII-547 pages.

*b.* **Logique d'Aristote**, traduite en français pour la
première fois et accompagnée de notes perpé-
tuelles. 4 volumes in-8° : I, *Introduction aux
Catégories, par Porphyre, Catégories. Herménéia*,
XLVII-CLIX-211 pages. Paris, Ladrange, 1844; II,
*Premiers analytiques*, LXIII-361 pages. Paris,
Ladrange, 1839; III, *Derniers analytiques*, CLI-
301 pages. Paris, Ladrange, 1842; IV, *Topiques,
Réfutations des sophistes*, XLVIII-447 pages. Paris,
Ladrange, 1843.

*c.* **Psychologie d'Aristote.** *Traité de l'âme*, traduit
en français pour la première fois et accompagné
de notes perpétuelles in-8°, CXXI-392 pages.
Paris, librairie philosophique de Ladrange, 1846.

*d.* **Psychologie d'Aristote.** — *Opuscules* (Parva natu-
ralia) : *De la sensation et des choses sensibles. —
De la mémoire et de la réminiscence. — Du
sommeil et de la veille. — Des rêves. — De la
divination dans le sommeil. — Du principe
général du mouvement dans les animaux. — De
la longévité et de la brièveté de la vie, — De la*

*jeunesse et de la vieillesse, de la vie et de la mort.* — *De la respiration*, traduits en français pour la première fois et accompagnés de notes perpétuelles, in-8°, LXXXV-445 pages. Paris, Dumont, 1847.

*e.* **Morale d'Aristote**, traduite. 3 volumes in-8° : I, *Morale à Nicomaque*, livres I et II, CCCXXXIV-LXVIII-106 pages; II, *Morale à Nicomaque*, livres III à X, 478 pages; III, *Grande morale et morale à Eudème*, 549 pages. Paris, A. Durand (librairie philosophique de Ladrange), 1856.

*f.* **Poétique d'Aristote**, traduite en français et accompagnée de notes perpétuelles, in-8°, LXXIX-195 pages. Paris, A. Durand (librairie philosophique de Ladrange), 1858.

*g.* **Physique d'Aristote ou leçons sur les principes généraux de la Nature**, traduite en français pour la première fois et accompagnée d'une paraphrase et de notes perpétuelles. 2 volumes in-8° : I, CLXXII-496 pages; II, 634 pages. Paris, A. Durand (librairie philosophique de Ladrange), 1862.

*h.* **Météorologie d'Aristote**, traduite en français et accompagnée de notes perpétuelles, avec le petit traité apocryphe *Du monde*, in-8°, XCIV-469 pages. Paris, A. Durand (librairie philosophique de Ladrange), 1863.

*i.* **Traité du ciel d'Aristote**, traduit en français pour la première fois et accompagné de notes perpétuelles, in-8°, CXVI-375 pages. Paris, A. Durand (librairie philosophique de Ladrange), 1866.

*j.* **Traité de la production et de la destruction des choses d'Aristote**, suivi du *Traité sur Mélissus, Xénophane et Gorgias*, traduits en français pour la première fois et accompagnés de notes perpétuelles, avec une introduction sur les *Origines de la philosophie grecque*, in-8°, CLXXIII-

339 pages. Paris, A. Durand (librairie philosophique de Ladrange), 1866.

*k.* **Rhétorique d'Aristote**, traduite en français et
accompagnée de notes perpétuelles, avec la
*Rhétorique à Alexandre* (apocryphe) et un appen-
dice sur l'*Enthymème*, 2 volumes in-8° : I, cxi-
377 pages ; II, 459 pages. Paris, librairie philosophique de Ladrange, 1870.

*l.* **Métaphysique d'Aristote**, traduite en français
avec des notes perpétuelles, 3 volumes in-8° :
I, cccxxii-194 pages. Paris, Germer Baillière et
C^le, 1879. — Tirage à part : *De la métaphysique,
sa nature et ses droits dans ses rapports avec
la religion et avec la science*, pour servir d'introduction à la *Métaphysique d'Aristote*, in-
12, 251 pages. Paris, Germer Baillière et C^le,
1879.

*m.* **Histoire des animaux d'Aristote**, traduite en français et accompagnée de notes perpétuelles.
3 volumes in-8° : I, cclxxiv-314 pages ; II,
452 pages ; III, 587 pages. Paris, Hachette et C^le,
1883.

*n.* **Traités des parties des animaux et de la marche
des animaux d'Aristote**, traduits en français
pour la première fois et accompagnés de notes
perpétuelles. 2 volumes in-8° : I, ccxxv-199 pages ;
II, 535 pages. Paris, Hachette et C^le, 1885.

*o.* **Traité de la génération des animaux d'Aristote**,
traduit en français pour la première fois et
accompagné de notes perpétuelles. 2 volumes
in-8° : I, cclxxxiii-124 pages ; II, 553 pages.
Paris, Hachette et C^le, 1887.

*p.* **Les problèmes d'Aristote**, traduits en français
pour la première fois et accompagnés de notes
perpétuelles. 2 volumes in-8° : I, xci-430 pages ;
II, 516 pages. Paris, Hachette et C^le, 1891.

*q.* **Traduction générale d'Aristote**, table alphabé-

tique des matières. 2 volumes in-8°. Librairies
Hachette et C^ie^ et Félix Alcan, 1892.

*r*. **De la logique d'Aristote.** Mémoire couronné,
en 1837, par l'Académie des sciences morales et
politiques. 2 volumes in-8°, 450 et 408 pages.

2. **De l'École d'Alexandrie.** Rapport à l'Académie
des sciences morales et politiques, précédé
d'un *Essai sur la méthode des Alexandrins et le
mysticisme*, et suivi d'une traduction de *Morceaux choisis de Plotin*. In-8°, CXI-315 pages.
Paris, Ladrange, 1845.

3. **De la vraie démocratie**, in-18, 101 pages (Petits
traités publiés par l'Académie des sciences
morales et politiques). Paris, Pagnerre, Paulin
et C^ie^, Firmin Didot frères, 1849. Voir le n° 12.

4. **Lois organiques.** *Loi sur l'instruction publique.*
Discours prononcé à l'Assemblée législative,
avec un commentaire et l'analyse des exposés
des motifs, rapports et discussions parlemen-
taires, précédés d'une introduction historique,
in-12, 250 pages. Paris, rue des Maçons-Sor-
bonne, 13, 1850.

5. **Des Védas**, in-8°, 207 pages. (Extrait du *Journal
des Savants*.) Paris, Duprat, Durand, 1854.

6. **Du bouddhisme**, in-8°, 16 feuilles 1/4. (Extrait
du *Journal des Savants*.) Paris, Duprat, 1855.

7. **Lettres sur l'Égypte**, in-8°, 437 pages. Paris,
Michel Lévy frères, 1856. — 2^e^ édition, in-12,
VIII-440 pages. Paris, Michel Lévy frères, 1857.

8. **Le Bouddha et sa religion.** *Les origines du*

*bouddhisme* (543 avant Jésus-Christ). *Le boud-dhisme dans l'Inde au VII^e siècle de notre ère. Bouddhisme actuel de Ceylan* (1858), in-8°, 441 pages. Paris, Didier et C^ie, 1860 — 2° édi-tion, *Le Bouddha et sa religion. Sur le Nirvâna bouddhique*, etc., comme ci-dessus, in-12, XXIV-441 pages. Paris, Didier et C^ie, 1862. — 3^e édition revue et corrigée (même titre que la deuxième), in-12, LII-445 pages. Paris, Didier et C^ie, 1866.

9. **Mahomet et le Coran**, précédé d'une introduction sur les *Devoirs mutuels de la philosophie et de la religion*, in-8°, CXIII-343 pages. Paris, Didier et C^ie, 1865. — 2° édition, in-12, CXIII-348 pages. Paris, Didier et C^ie, 1865.

10. **Philosophie des deux Ampère**, publiée par M. Barthélemy-Saint-Hilaire, in-8°, XIX-463 pages. (Avant-propos par M. Barthélemy-Saint-Hilaire, XIX pages.) Paris, Didier et C^ie, 1866. — 2° édition, in-12, XIX-463 pages. Paris, Didier et C^ie, 1869.

11. **L'Iliade d'Homère**, traduite en vers français. 2 volumes in-8° : I, XCII-394 pages ; II, 449 pages. Paris, Didier et C^ie, 1868.

12. **A la démocratie française.** (*De la démocratie française en 1873. De la vraie démocratie, 1848.*) In-12, 207 pages. Paris, Baur, 1874.

13. **Pensées de Marc-Aurèle**, traduction nouvelle, in-12, XVI-527 pages. Paris, Germer Baillière et C^ie, 1876.

14. **Rapport sur les bâtiments de la Bibliothèque**

Nationale au nom d'une commission spéciale. Paris, 8 mai 1878, in-4°, Imp. Nationale, 1879.

15. **Le christianisme et le bouddhisme.** Trois lettres adressées à l'abbé Deschamps, vicaire général de Châlons : la première, à l'occasion d'une publication de M. Deschamps, intitulée : *Le bouddhisme et l'apologétique chrétienne*; la seconde, en réponse à l'envoi d'une étude biblique du même auteur, ayant pour titre : *La découverte du Livre de la loi et la théorie du coup d'État, d'après les derniers travaux*; la troisième, qui confirme les deux précédentes et en autorise la publication, in-8°, ix-11 pages. Châlons, Martin; Paris, Leroux, 1880.

16. **Fragments pour l'histoire de la diplomatie française du 23 septembre 1880 au 14 novembre 1881**, in-8°, viii-448 pages. Paris, typogr. Georges Chamerot, 1882.

17. **L'Inde anglaise, son état actuel, son avenir**, précédée d'une introduction sur l'Angleterre et la Russie, in-8°, 484 pages. Paris, Didier, 1887.

18. **La philosophie dans ses rapports avec les sciences et la religion**, in-8° de 280 pages. Paris, Félix Alcan, 1889.

19. **Étude sur François Bacon**, suivie du *Rapport à l'Académie des sciences morales et politiques sur le concours pour le prix Bordin*, in-18, 200 pages. Paris, Félix Alcan, 1890.

20. **Eugène Burnouf, ses travaux et sa correspondance**, in-8°, 158 pages. Paris, 1891.

21. **M. Victor Cousin, sa vie et sa correspondance,** par J. Barthélemy-Saint-Hilaire (août 1892). Paris, Hachette, 1895; 3 vol. in-8°.

22. **Œuvres de Platon,** traduites par Victor Cousin. 2° édition, par M. Barthélemy-Saint-Hilaire. Paris, Hachette, 1896; VI-412 p., in-8°. (Le premier volume a seul paru.)

23. **Socrate et Platon, ou le Platonisme,** par J. Barthélemy-Saint-Hilaire. Chartres, impr. de Durand, 1896; in-8°. Lu à l'Académie des sciences morales et politiques les 2 et 9 novembre 1895.

24. **De l'état moral de la France. 1789-1868.** *Essai d'étude politique*, par J. Barthélemy-Saint-Hilaire. Dédié à M. Mignet, commencé à Trouville le 4 août 1866, terminé à Cannes le 8 janvier 1868. — *Inédit*. Manuscrit de 546 pages in-4° déposé à la bibliothèque Victor Cousin, à la Sorbonne.

## TRAVAUX ACADÉMIQUES

1. **Mémoire sur la philosophie sanskrite.** *Le Nyâya*, lu aux séances du 21 septembre et du 26 octobre 1839. *Mémoires de l'Académie*, t. III, p. 147 à 250.

2. **Mémoire sur les derniers Analytiques d'Aristote,** *Comptes rendus*, t. 1, p. 46 à 68. — Voir liste des ouvrages, n° 1 *b*.

3. **De la logique en général, de la logique d'Aris-**

tote et de l'état actuel des études logiques,
t. 5, p. 175 à 212. — Voir liste des ouvrages,
n° 1 *b*.

4. **Rapport sur les mémoires envoyés pour
concourir au prix de philosophie proposé
en 1841 et à décerner en 1844, sur l'École
d'Alexandrie**, au nom de la section de philosophie, lu dans les séances des 27 avril et
4 mai 1844, t. 5, p. 361 à 450. Inséré dans les
*Mémoires de l'Académie*, t. V, p. 83 à 222.

5. **De la méthode des Alexandrins et du mysticisme**, t. 7, p. 13 à 41, 45 à 46. — Voir liste
des ouvrages, n° 2.

6. **De la psychologie d'Aristote**, t. 9, p. 371 à 382,
451 à 467. — Voir liste des ouvrages, n° 1 *c*.

7. **Rapport**, au nom de la section de philosophie,
sur le mémoire de M. Ch. Schmidt, professeur
de philosophie à la Faculté de théologie de
Strasbourg, intitulé : « *Études sur le mysticisme
allemand au XIV° siècle* », t. 9, p. 487 à 497.

8. **Rapport**, au nom de la section de philosophie,
sur un mémoire de M. Léon Montet, intitulé :
*Saint Thomas d'Aquin*, t. 9, p. 498 à 504.

9. **Mémoire sur la philosophie indienne**, t. 10,
p. 284 à 317.

10. **Rapport sur le tome I**er **de l'Introduction à
l'histoire du bouddhisme indien**, par M. Eugène Burnouf, t. 11, p. 39 à 60.

11. **Communication sur les Opuscules d'Aristote**,
t. 12, p. 67 à 84. — Voir liste des ouvrages, n° 1 *d*.

12. **Mémoire sur la logique**, t. 12, p. 369 à 391.

13. **Mémoire sur la science politique et particulièrement sur la politique platonicienne,** t. 13, p. 120 à 151.

14. **Mémoire sur la méthode,** t. 15, p. 315 à 344.

15. **De la vraie démocratie, Mémoires de l'Académie,** t. VII (*Petits traités*), p. 435 à 484. — Voir liste des ouvrages, nº 3.

16. **Discours prononcé à la séance publique annuelle de 1850,** par M. Barthélemy-Saint-Hilaire, président de l'Académie. *Comptes rendus*, t. 18, p. 5 à 16.

17. **Rapport sur le concours de philosophie de 1851,** t. 19, p. 103 à 107.

18. **Premier mémoire sur le Sânkhya,** t. 19, p. 439 à 455; t. 20, p. 145 à 180. Suite. (*Mémoire sur le Sânkhya*), t. 20, p. 309 à 332; t. 21, p. 163 à 183, 281 à 300; t. 22, p. 139 à 153, 425 à 451; t. 23, p. 301 à 338; t. 24, p. 153 à 188, 331 à 445; t. 25, p. 145 à 183. Inséré dans les *Mémoires de l'Académie* (Premier mémoire sur le Sânkhya, lu dans les séances des 5 avril, 3, 17, 31 mai, 21 juin, 5 juillet, 22 novembre 1851, 10 janvier, 7 et 28 février 1852), t. VIII, p. 107 à 561.

19. **Rapport** concernant les mémoires envoyés pour concourir au prix de philosophie proposé en 1848 et à décerner en 1853, sur la comparaison de la philosophie morale de Platon et d'Aristote avec les doctrines des plus grands philosophes modernes sur les mêmes matières,

au nom de la section de philosophie. Lu dans la séance du samedi 14 mai 1853, t. 25, p. 373 à 404. Inséré dans les *Mémoires de l'Académie*, t. IX, p. 71 à 103.

20. **Mémoire sur les Védas**, t. 26, p. 321 à 347; t. 27, p. 39 à 64, 203 à 226; t. 28, p. 4 à 62, 209 à 252, 256-257. — Voir liste des ouvrages, n° 5.

21. **Rapport verbal sur le Dictionnaire de l'économie politique**, t. 27, p. 347 à 363.

22. **Mémoire sur le bouddhisme**, t. 29, p. 203 à 284; t. 30, p. 5 à 72; t. 31, p. 219 à 274, 433 à 456; t. 32, p. 339 à 359. — Voir liste des ouvrages, n° 6.

23. **Mémoire sur les trois ouvrages de morale conservés sous le nom d'Aristote**, t. 31, p. 5 à 78. — Voir liste des ouvrages, n° 1 *e*.

24. **Mémoire sur la science morale**, t. 33, p. 185 à 258; t. 34, p. 161 à 197; t. 35, p. 67 à 107, 215 à 242. Préface à la *Morale d'Aristote*. — Voir liste des ouvrages, n° 1 *e*.

25. **Rapport verbal** sur le mémoire de M. A. Mariette concernant la mère d'Apis, t. 38, p. 289 à 329.

26. **Mémoire sur la Poétique d'Aristote**, t. 41, p. 427 à 468; t. 42, p. 31 à 44. Préface à la *Poétique d'Aristote*. — Voir liste des ouvrages, n° 1 *f*.

27. **Mémoire sur Kanâda**, philosophe indien, auteur du système Vaicéshika, ou système de la différence et de la particularité des êtres, t. 46, p. 321 à 342.

28. **Rapport** fait au nom de la section de philosophie sur le concours relatif à la question du beau. Lu dans les séances des 16 et 20 avril 1859, t. 48, p. 321 à 359; t. 49, p. 35 à 62. Inséré dans les *Mémoires de l'Académie*, t. XI, p. 73 à 140.

29. **Mémoire sur le Véda et l'ancienne religion brahmanique**, t. 54, p. 161 à 183.

30. **Mémoire sur la Physique d'Aristote**, t. 57, p. 423 à 469; t. 28, p. 93 à 128, 161 à 205 (*Observations*), 207 à 209, 214-215. Préface à la *Physique d'Aristote*. — Voir liste des ouvrages, nº 1 *g*.

31. **Le Nirvána bouddhique**, t. 60, p. 321 à 341, 347 à 350. — Voir liste des ouvrages, nº 8 (2ᶜ et 3ᵉ éditions).

32. **Mémoire sur la composition de la Météorologie d'Aristote et du traité du Monde**, t. 62, p. 325 à 355. — Voir liste des ouvrages, nº 1 *h*.

33. **Mémoire sur la météorologie d'Aristote**, t. 65, p. 147 à 189. — Voir liste des ouvrages, nº 1 *h*.

34. **La vie de Mahomet**, t. 66, p. 321 à 346; t. 67, p. 5 à 32, 359 à 389; t. 68, p. 27 à 57, 219 à 245; t. 69, p. 97 à 121, 421 à 444. — Voir liste des ouvrages, nº 9.

35. **Rapport fait au nom de la section de philosophie, sur le concours relatif à la philosophie de saint Augustin.** Lu dans les séances des 13 et 20 août 1864, t. 70, p. 93 à 135, 161 à 215. Inséré dans les *Mémoires de l'Académie*, t. XII, p. 167 à 262.

36. **Mémoire sur l'état actuel du Japon**, t. 73, p. 5 à 26, 281 à 308, t. 74, p. 37 à 61, 251 à 272, 375 à 404.

37. **Mémoire sur le traité du ciel d'Aristote**, t. 78, p. 51 à 97, 305 à 343. — Voir liste des ouvrages, n° 1.

38. **Les légendes de l'Aitareya Brahmâna du Rig-Véda**, t. 81, p. 123 à 146.

39. **La Bhagavad-Guîtâ**, t. 87, p. 5 à 25.

40. **Mémoire sur la Rhétorique**, t. 93, p. 359 à 380; t. 94, p. 83 à 115, 277 à 298. Préface à la *Rhétorique d'Aristote*. — Voir liste des ouvrages, n° 1 *k*.

41. **Mémoire sur le Dhammapada ou le chemin de la vertu**, t. 95, p. 279 à 298, 623 à 645; t. 96, p. 181 à 210.

42. **Mémoire sur la composition de la Métaphysique d'Aristote**, t. 110, p. 473 à 500. — Voir liste des ouvrages, n° 1 *l*.

43. **Observations sur les Économiques d'Aristote**, t. 113, p. 392-393.

44. **Mémoire sur l'histoire des animaux d'Aristote**, t. 119, p. 362 à 377; t. 120, p. 5 à 26. — Voir liste des ouvrages, n° 1 *m*.

45. **Rapport sur le concours relatif à la philosophie stoïcienne**. Lu dans la séance du 3 mai 1884, t. 122, p. 769 à 778. Inséré dans les *Mémoires de l'Académie*, t. XV, p. 475 à 488.

46. **Mémoire sur la physiologie comparée d'Aris-**

tote (*Traité des parties des animaux*), t. 123, p. 5 à 34, 193 à 241, 523 à 550. — Voir liste des ouvrages, n° 1 *n.*

47. **Mémoire sur le traité de la génération des animaux d'Aristote**, t. 126, p. 391 à 426, 642 à 676, 817 à 850 ; t. 127, p. 356 à 387. — Voir liste des ouvrages, n° 1 *o.*

48. **Le gouvernement des Anglais dans l'Inde**, t. 127, p. 497 à 515, 657 à 677, 833 à 850 ; t. 128, p. 29 à 49. — Voir liste des ouvrages, n° 16.

49. **L'Inde contemporaine**, t. 128, p. 753 à 769. — Voir liste des ouvrages, n° 16.

50. **Rapports de la philosophie et de la religion**, t. 131, p. 435 à 454. — Voir liste des ouvrages, n° 9.

51. **La philosophie au XIX<sup>e</sup> siècle**, t. 132, p. 222 à 240.

52. *Réponse de M. Barthélemy Saint-Hilaire aux paroles qu'avait prononcées M. Bouillier en lui remettant la médaille frappée à l'occasion de son cinquantenaire académique*, t. 133, p. 522 à 526.

53. **Rapport sur le concours pour le prix Bordin : La philosophie de F. Bacon**, t. 133, p. 661 à 693, 845 à 877. — Voir liste des ouvrages, n° 17.

54. **Aristote et la constitution d'Athènes**, t. 136, p. 145 à 170.

55. **Observations sur l'ancienne législation commerciale espagnole**, t. 136, p. 761 à 763.

56. **Mémoire sur Aristote et le XIX^e siècle**, t. 137, p. 177 à 190.

57. **De la méthode d'observation**, t. 139, p. 371 à 388. (*Mémoires de l'Académie*, t. 19, p. 393 à 415.)

58. **Le néo-bouddhisme.** *Mémoires de l'Académie*, t. 19, p. 415.

59. **De l'idée de la philosophie**, t. 144, p. 5 à 26.

## COLLABORATIONS DIVERSES

**Le Globe**, de 1826 à 1830.

**Le National**, de 1830 à 1834.

**Revue des Deux Mondes**, depuis 1832.

**Le Bon Sens**, de 1832 à 1833.

**Le Courrier français**, de 1831 à 1833.

**Journal des Savants**, depuis 1852.

**L'Isthme de Suez**, de 1855 à 1858.

**Le magasin pittoresque**, de 1886 à 1889.

Coulommiers. — Imp. PAUL BRODARD. — 1112-98.

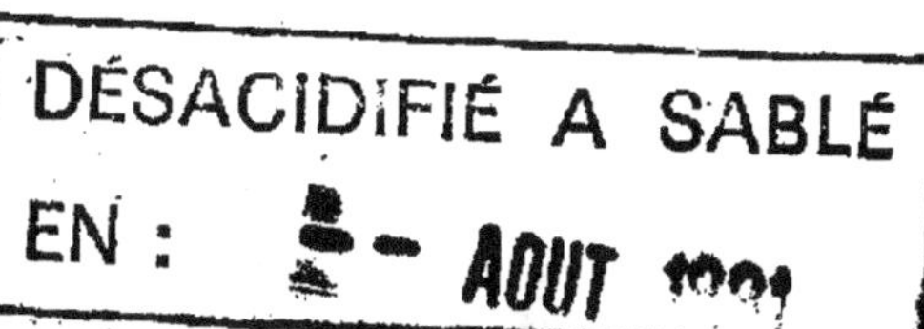